DU MODE

DES ÉLECTIONS,

COMPARÉ

AVEC CELUI QUI EST EN USAGE

EN ANGLETERRE.

PARIS,

LENORMANT, IMPRIMEUR-LIBRAIRE, RUE DE SEINE.

1820.

Souvent le mérite d'un ouvrage consiste dans l'à-propos ; je n'ai pas à réclamer celui-là pour le mien. Vraisemblablement, au moment où je le fais imprimer en province, le sort des élections est décidé à Paris, soit pour la correction, soit pour la conservation de la loi telle qu'elle est. Ce retard a tenu à des circonstances étrangères au sujet, et surtout à la méfiance que j'ai de mes propres lumières. Je crois cependant qu'il est de mon devoir d'engager le public à considérer la question sous un nouveau jour, que personne ne me semble encore avoir aperçu. Tout le succès auquel j'aspire, seroit qu'un des écrivains par l'organe desquels nous sommes accoutumés à entendre la vérité, voulût accueillir mes idées, se les approprier, et leur donner le développement nécessaire pour être utiles.

DU MODE
DES ÉLECTIONS,

COMPARÉ

AVEC CELUI QUI EST EN USAGE

EN ANGLETERRE.

———————

Un gouvernement quelconque ne peut subsister que par des institutions analogues à sa nature. Tout ce qui contrarie ses principes, tout ce qui s'écarte de l'ordre établi par une puissance supérieure à celle de l'homme, pour la conservation des empires, peut porter momentanément une apparence de grandeur et d'énergie; mais le vice de destruction n'en est pas moins actif, quoique caché; et celui qui rejette avec dédain les leçons de l'expérience, n'en court pas moins à sa ruine certaine. C'est ainsi que les maux de la France n'ont pas été, dans l'origine, le résultat d'une volonté qui se dirigea, avec connoissance de cause, vers un but déterminé; l'amour de la nouveauté fit substituer des idées républicaines aux maximes monarchiques; le trône s'écroula, parce que ses bases furent changées, et sa chute fut l'effet de l'imprévoyance autant que celui du crime.

Aujourd'hui qu'un gouvernement représentatif est appelé à réparer les désastres produits par les essais irréfléchis qu'on a tentés pour l'introduire, nous ne trouvons dans nos annales aucune instruction qui nous convienne. Trop vains pour revenir sur nos pas, nous marchons au hasard vers des régions inconnues. Que l'exemple de nos voisins serve du moins à guider notre inexpérience ; que ce qui se passe chez eux nous apprenne si nous sommes sur la route de l'erreur ou sur celle de la vérité.

Mon étonnement est grand, je l'avoue, de voir en Angleterre des électeurs pris indistinctement dans la classe la moins riche de la société, donner généralement leurs voix à des hommes recommandables, au moins par leur fortune ; tandis qu'en France, où le droit de suffrage exige une contribution de 300 francs, on est loin d'être rassuré contre les abus de la démocratie.

Cette contradiction peut s'expliquer d'une manière imparfaite, ou par un reste de fermentation qui subsiste dans les esprits, suite inévitable d'une révolution, ou par les conditions attachées à l'éligibilité, qui, au lieu d'une contribution de 1000 f. (art. 38 de la Charte,) et même quelquefois au-dessous (art. 39), sont en Angleterre d'un revenu foncier de 300 liv. st. pour représenter une ville ou un bourg, et de 600 liv. st. pour un comté (1).

---

(1) Dans les villes et les bourgs, les conditions varient suivant leurs chartes particulières, mais toujours dans une proportion extrêmemen favorable aux petits propriétaires. Dans les comtés, le droit d'élection appartient à tout propriétaire d'un fief de 40 schellings de revenu. Par le fait, cette dernière condition est illusoire : il n'y a plus de fiefs de 40 sch. et même très-peu de 300 l. st. ou de 600, qu'on exige pour représenter une ville ou un comté. Les lois de ce pays-là favorisent autant la réunion des propriétés, que les nôtres tendent à les diviser.

Mais il est facile de répondre à cela ; que le besoin du repos, senti par le plus grand nombre, devroit contre - balancer cette agitation dans laquelle se complaisent encore quelques novateurs incorrigibles, et que l'opulence de l'Angleterre, comparée à celle de la France, rend presque nulle la différence entre les fortunes nécessaires pour siéger dans la Chambre de l'un ou de l'autre pays. Je pense donc que, pour trouver la solution de ce problème, il faut remonter à des considérations d'un ordre supérieur.

De toutes les formes de gouvernement, la plus simple, la plus naturelle, la plus juste même, si l'on veut, à laquelle il ne manque enfin que d'être susceptible d'exécution et de durée, surtout chez un peuple nombreux, riche et corrompu, c'est la pure démocratie. Il ne faut pas un grand effort de génie pour proclamer que la souveraineté réside dans la multitude, que nul individu ne peut être privé du droit d'y participer que de son consentement formel, etc. ; c'est dire, en termes choisis, que le plus fort a toujours raison. Aussi cette théorie a-t-elle constamment séduit les esprits superficiels, et a toujours été le levier puissant dont les ambitieux se sont servis pour soulever les passions. Mais, soit que la division se mît dans cette majorité, soit qu'elle abusât de ses forces, les opprimés trouvèrent plus sûr, pour leur repos, d'opposer à cette prétendue volonté générale la volonté particulière d'un seul, dont l'intérêt fût de maintenir l'ordre. Dès ce moment la lutte s'engagea entre le souverain qui vouloit commander, et la multitude qui ne vouloit pas obéir. De là, tyrannie par la victoire de l'un, anarchie par celle de l'autre.

Il n'y a donc rien de si aisé et par conséquent de si incomplet que d'établir un Roi et une Chambre des communes, organe de l'opinion publique. Le difficile est de tempérer l'un et l'autre pouvoir par un troisième, de manière qu'aucun des trois ne puisse abuser de la portion d'autorité qui lui est confiée. Telle est l'origine de tous ces corps intermédiaires, qu'on retrouve dans toutes les constitutions anciennes et modernes, sous les noms de Conseil, de Sénat, d'Ordres, de Chambre des pairs; tous sont établis pour combattre cette égalité absolue, avec laquelle on n'a jamais rien édifié (1) : telle est l'utilité de l'aristocratie (2).

Cependant l'influence démocratique dans un gouvernement représentatif est si grande, que pourvu que les parties restent bien unies entre elles, il en résultera une intensité de force qui, tendant toujours à son accroissement, finira nécessairement par tout envahir. Tous ses moyens d'attaque et de défense sont renfermés dans le droit de voter l'impôt. Si la majorité des électeurs a des

---

(1) Madame la baronne de Staël a dit, dans ses *Considérations sur la révolution française*, que tous les maux qu'elle avoit traînés à sa suite venoient de ce qu'on avoit *oublié* de créer une Chambre haute; comme s'il étoit jamais au pouvoir d'un démagogue de calculer le terme auquel s'arrêtera l'agitation, dont les commencemens semblent favorables à ses vues : tout ce qu'il peut prévoir, c'est que le corps social restera en fermentation jusqu'à ce que chacune de ses parties se retrouve à la place qui lui convient.

(2) Celle dont je parle n'a rien de commun avec la féodalité.

intérêts communs, et se trouve dans une position à peu près uniforme; si les députés qu'ils auront choisis, sont par conséquent imbus des mêmes doctrines et animés des mêmes passions; en vain le trône déploîra tout son appareil militaire; en vain l'aristocratie fera valoir ses prérogatives et ses richesses : que pourront l'un et l'autre contre une multitude égarée, qui ne reconnoîtra plus d'autre droit que celui de la force, d'autre devoir que celui de l'insurrection? De toutes les vertus, la modération est celle qu'on doit le moins attendre d'un grand nombre d'hommes réunis : l'assemblée qui s'est donné en France le nom de Constituante, et le long parlement d'Angleterre, nous en ont donné de trop funestes exemples. Je ne parle pas de la Convention, qui n'a fait qu'exécuter ce que ses prédécesseurs avoient préparé.

Ce n'est donc pas par une opposition directe que l'équilibre peut s'établir entre les différentes portions de la puissance législative. Ce que le pouvoir le plus absolu n'auroit pu opérer, la marche des événemens l'a produit en Angleterre.

§ Ier.

Par une suite de l'accroissement de la population dans certains bourgs, de sa diminution dans d'autres, et de la tendance qu'ont les propriétés à se réunir en grandes masses dans un pays où les substitutions sont autorisées, et que le commerce enrichit, tout le monde sait qu'il y a une disproportion immense entre le nombre des électeurs et celui des députés. Souvent le droit de nomination se trouve concentré dans une seule famille, tandis que les villes les plus peuplées, telles que Londres, ne nomment que deux membres de la Chambre des communes. L'Angleterre, à différentes époques, a retenti de déclamations violentes sur la nécessité d'une réforme parlementaire : cette question a été si souvent agitée, qu'on ne peut croire qu'un respect scrupuleux pour d'anciens droits, ait suffi pour la faire rejeter jusqu'à ce jour. Je pense, au contraire, que cette inégalité a été jugée nécessaire au soutien de l'aristocratie, qui, en disposant de beaucoup de voix, combat la démocratie avec ses propres armes, tempère la fougue de ses délibérations en y prenant une part indirecte, et pare d'avance les coups qui pourróient avec sa ruine entraîner celle de la monarchie. Sa force consiste à prévenir un combat inégal; elle la déploie dans les élections, lorsque ses adversaires eux-mêmes n'existent pas encore, et sa sécurité se fonde sur la certitude de ne pouvoir être attaquée. —

Cette combinaison établie sur des faits, pourroit bien, dira-t-on, ne pas l'être également sur la justice. Ce doute ne m'étonnera point en France, où, depuis trente ans, on veut ne considérer les hommes que comme des quantités numériques ; mais les chiffres eux-mêmes changent de valeur selon la place qu'ils occupent : mais sous peine de retomber dans le chaos, il a bien fallu fixer le terme auquel commence la faculté de voter. Or, si l'homme qui paye 300 fr. d'imposition, a, par cela seul, le droit de donner une fois sa voix, ne seroit-ce pas une conséquence du même principe, que celui qui paye 600 fr. eût le droit de la donner deux fois, et ainsi de suite dans telle progression qu'on voudra? L'intérêt qu'il prend à la chose publique doit effectivement s'accroître en raison de sa propriété.

Convenons actuellement que si ce principe est inapplicable dans sa rigueur, ce n'est pas au moins une raison de le rejeter en entier, lorsqu'il produit quelques effets avantageux à la société. Si l'aristocratie est nécessaire, ainsi que l'expérience nous l'apprend, pour la répression de la licence, il faut qu'elle ait les moyens suffisans pour la réprimer et pour se défendre contre ses aggressions. Le plus fort n'a pas toujours raison; mais celui qui a raison devroit toujours être le plus fort.

Dès l'instant qu'un homme possède seul un terrain qui suffiroit pour en nourrir dix, il est certain que les neuf qui n'y ont aucune part, ont droit d'attendre de lui protection et salaire. De son côté, le dixième doit jouir en entier des droits attachés à l'étendue de la propriété dont il est investi; sans cela il courroit risque d'en être dépouillé par les neuf autres; et je ne crois pas que nous en soyons venus au point de désirer le partage des terres et la communauté des biens.

Tel est en partie l'ordre que la succession des temps a amené en Angleterre : le patronage, comme dans tous les états bien réglés anciens et modernes, y comble l'intervalle qui sépare le pauvre du riche; il impose à celui-ci des devoirs de bienveillance, et lui fait trouver un appui dans celui-là, auquel il fournit en retour des moyens de subsister et même de s'enrichir (1).

Ces considérations nous font connoître assez clairement, ce me semble, une des principales causes de cette inquiétude, dont tous les esprits sont fatigués en France; c'est que la grande propriété territoriale n'y est pas représentée. Les électeurs de 300. fr. y sont les véritables arbitres des élections; ils se composent, pour la plupart, ou d'acquéreurs de biens dits nationaux, qu'une crainte mal raisonnée rend susceptibles de toutes les impressions que les agitateurs sont intéressés à leur donner; ou de gens qui, sous le masque des idées libérales, brûlent du désir de parvenir à l'opulence ou au pouvoir, à l'imitation de ceux qui les ont précédés dans la carrière révolutionnaire. Là, comme partout, les hommes sages et modérés sont les plus rares. S'il se trouve parmi eux quelques victimes des fureurs révolutionnaires, on se plaît à leur supposer toutes les idées de haine et de vengeance qu'on auroit vraisemblablement à leur place, tant il est difficile de

____

(1) Je crois, sans m'écarter de la question, pouvoir observer ici que toute la liberté dont les peuples jouissent en Europe, ils la doivent aux rois et aux grands. Guillaume le Conquérant avoit transmis à ses successeurs une puissance absolue : les grands se réunirent contre eux, et firent partager au reste de la nation les concessions qu'ils en obtinrent. Sur le continent, au contraire, les grands vassaux étoient trop indépendans : les rois affoiblirent leur pouvoir par les affranchissemens et les priviléges qu'ils accordèrent aux communes. Je ne prétends pas voir de la générosité là où il n'y a eu qu'un intérêt bien intendu; mais qu'on compare ce qui nous est resté des révolutionnaires modernes, et l'on verra quelles sont les circonstances qui favorisent le plus la conservation ou la désorganisation des empires.

pardonner aux autres le mal qu'on leur a fait. Les riches propriétaires qui se présentent aux colléges électoraux, n'ont pas de moindres préventions à combattre : que peut leur foible voix contre toutes celles que l'envie fait élever contr'eux ? ils n'ont pas à leur disposition, comme en Angleterre, où des nominations toutes faites, ou d'autres pour lesquelles il suffit qu'ils désignent à leurs cliens le candidat de leur choix ; ils se découragent, s'éloignent, et laissent le champ libre à ceux qui, n'ayant que peu de chose à risquer, ne voient devant eux que beaucoup de chances de profit.

§ II.

Cette prépondérance des grandes propriétés territoriales, en Angleterre, n'empêche pas que les autres richesses, dont les sources sont extrêmement variées dans un pays industrieux et commerçant, n'y jouissent aussi d'une sorte de représentation. La plus grande partie des électeurs, comme je l'ai dit, est, dans les villes, à peine au-dessus du besoin : n'ayant rien à perdre, ne favoriseront-ils pas imprudemment les projets des factieux ? Non. Lorsqu'une chose est vicieuse en elle-même, on peut avoir la certitude que, si le temps ne la détruit pas promptement, il ne tardera pas à l'améliorer, peut-être par des remèdes tout aussi blâmables, mais dont l'influence, par une combinaison supérieure à toute prévoyance humaine, finira par rétablir l'équilibre. Il faut, de toute nécessité, que le vaisseau qui fait eau, périsse, ou qu'il soit radoubé, n'importe par quels moyens. Nous trouverons celui que nous cherchons dans les formes des élections contestées des villes d'Angleterre.

Les avenues de la place où se font les élections à Londres, sont obstruées par des hommes ivres, pour la plupart, portant à leur boutonnière un ruban de la couleur adoptée par celui qu'ils veulent faire élire, et entraînant les passans dans une taverne, où ils sont défrayés à ses dépens. Les gens les plus qualifiés, les femmes mêmes né rougissent pas de prodiguer à la populace leurs sollicitations et leurs largesses. On s'injurie réciproquement, et ces orgies sont souvent terminées par des rixes sanglantes ; après quoi chacun va donner sa voix à celui à la santé duquel il a bu (1).

On se demande en sortant de là, si autre chose que le hasard a pu présider aux choix qui se sont faits dans ces saturnales ; et cependant, avec un peu de réfléxion, on verra qu'il n'y a que des gens très-riches, et par conséquent les plus intéressés

____

(1) Les fougueux amis de la liberté disent que ce n'est que dans ces momens-là qu'elle existe en Angleterre. Si cela étoit exact, ils auroient grande raison de craindre qu'on ne la confondît avec la licence, et qu'elle n'excitât le même dégoût que celui qu'on éprouve à la vue de ces scènes d'intempérance et de désordre. A cela près, je ne vois pas ce qu'elles ont de plus immoral que les moyens publics ou cachés dont on se sert en France pour gagner des électeurs : on leur donne des dîners, où la bonne chère et la flatterie sont également prodiguées ; on leur fait des offres de crédit, qu'on n'a ni le pouvoir ni la volonté d'effectuer ; on déguise ses véritables sentimens sous le masque d'une popularité passagère. En quoi donc l'homme qui emploie de semblables manœuvres, est-il supérieur à celui qui attire des artisans dans une taverne, pour les faire boire à la santé d'un candidat ?

au maintien de l'ordre, qui puissent aspirer à être
élus. Ce n'est pas que l'individu qui se présente,
surtout dans une grande ville, soit toujours en
état de faire des dépenses aussi considérables : il
n'est le plus souvent que le mandataire d'un parti ;
quelquefois même il n'entre pour rien dans ces
frais, qui sont calculés d'avance avec assez de pré-
cision ; mais alors il faut bien qu'il se soit rendu
recommandable sous quelque rapport, aux yeux
de ceux qui l'ont choisi, non pas sur la place
publique, mais par le sacrifice d'une partie de
leur fortune. Cette multitude, qui lui a donné sa
voix, n'est qu'un instrument aveugle ; les véritables électeurs sont ceux qui ont payé les suffrages : les formes de la démocratie servent ici de
voile à l'aristocratie pécuniaire. Les plus riches
dirigent les élections en raison de leur opulence ;
et cela ne peut pas être autrement dans un pays
où tout est estimé au prix de l'or : sans cela sa
constitution auroit dès long-temps succombé.

Sans prétendre approuver ni blâmer des moyens
qui semblent si étranges, lorsqu'il est question de
résultats aussi importans, je me borne à en exa-
miner les conséquences, et je vois que la sécurité
de l'Angleterre tient à ce que tout ce qui s'élève
au-dessus de la classe moyenne y est pourvu de
moyens suffisans de défense contre les atteintes
de l'envie. Tous les intérêts y sont balancés autant
que possible, les uns par les autres : et l'on peut
croire que ce problème a été résolu d'une manière
assez satisfaisante, puisque la constitution est
sortie victorieuse de toutes les épreuves qu'elle a

eu à subir depuis trente ans au-dedans et au-dehors. Comment expliqueroit-on sans cela pourquoi les corporations, les compagnies, et les villes que le commerce ou les manufactures ont enrichies récemment, n'envoient aucun député à la Chambre des communes, dans un état dont la prospérité est presqu'entièrement fondée sur l'industrie? C'est que les électeurs des villes étant pris dans une classe trop peu au-dessus de l'indigence, il reste ce moyen de corruption de faire participer aux élections les possesseurs de fortunes mobilières, mais seulement les plus considérables, qui présentent une forte garantie à la société, et non ceux qui, comme nos porteurs de patentes, sont encore tourmentés du besoin de s'enrichir.

§ III.

Mais ce n'est pas assez que les intérêts de tout genre soient représentés dans la Chambre éligible, il faut de plus qu'une seule opinion exclusive n'y impose pas silence à sa rivale; et c'est encore la manière dont on procède en Angleterre dans les élections des villes, qui nous expliquera pourquoi la même assemblée électorale nomme souvent des députés de principes totalement opposés.

On construit une espèce de tribune divisée en plusieurs compartimens, dont chacun est occupé par un des candidats, qui, de là haranguant la foule, fait valoir ses services passés, et en promet de nouveaux pour l'avenir. Conformément à l'usage établi dans les anciennes républiques, ils sollicitent eux-mêmes les suffrages ; et par conséquent la concurrence ne s'établit qu'entre un petit nombre, et parmi ceux qui ont de grandes espérances de succès. Une dernière case est destinée à l'homme chargé de recevoir les votes : il en fait le relevé deux fois par jour, et, à l'expiration du terme fixé, celui qui a le plus grand nombre de voix obtient les honneurs du triomphe, porté dans un fauteuil sur les épaules de ses partisans. Celui qui en a réuni le plus après lui est également proclamé; et le calme ne se rétablit que lorsque le peuple a mis en pièces l'échafaudage qui a servi aux élections : destinée inévitable de tout ce qui est l'instrument de sa puissance.

Je dois observer qu'il n'y a jamais plus de deux députés à élire ; et nous verrons plus bas le bien qui résulte de ce nombre, même pour la décision des affaires les plus importantes.

Le caractère distinctif du gouvernement représentatif, est que l'opinion publique doit en être le régulateur. De grands avantages, de graves inconvéniens sont attachés à ce système. Les raisonnemens ne suffisent pas pour nous apprendre de quel côté penche la balance. Quoi qu'il en soit, on ne peut se dissimuler que dans cet ordre de choses elle ne soit un véhicule également puissant et indispensable : on peut la comparer à l'action du vent sur les voiles d'un navire : c'est à celui qui tient le gouvernail, à s'en servir pour diriger sa route au moyen de résistances bien combinées; mais encore faut-il qu'il connoisse de quel point du compas lui arrive cette impulsion, quelle est son intensité, et la ligne moyenne résultant des vents qui se contrarient.

Ce qui me paroît néanmoins le plus directement opposé à ce but, qu'il est si essentiel d'atteindre, c'est le mode adopté en France de faire autant de tours de scrutin qu'il y a de nominations, et cela avec la condition de la majorité absolue des voix pour chacune d'elles.

En effet, dès qu'un parti quelconque est assez fort pour l'obtenir dans un collége électoral, il n'y a que de petits intérêts particuliers qui puissent l'empêcher de la conserver pour le dixième député à élire, comme pour le premier. Voilà donc un certain nombre d'hommes qui, par cela seul qu'ils sont nés dans un des départemens les plus peuplés, exercent dix fois de suite un droit dont tout ce qui n'est pas de leur bord, demeure constamment frustré par le fait, et dont leurs partisans mêmes, habitans d'un département moins considérable, ne jouissent qu'une ou deux fois. Or, comme il n'est pas à beaucoup près démontré que la raison soit toujours du côté de la majorité; la Chambre se trouve privée des lumières d'une minorité importante, à laquelle il n'a peut-être manqué que très-peu de voix pour exclure ses adversaires. Quel bien peut-on attendre d'une assemblée subjuguée par une opinion affranchie de toute opposition ? C'est là véritablement la seule aristocratie à redouter. Nulle autre ne peut l'être, lorsque le droit de voter l'impôt, la liberté de la presse, et de bonnes lois protectrices de la liberté individuelle, sont respectés comme la sauvegarde publique.

S'il existe un parti qui, pénétré du sentiment de sa force, s'oppose à tout ce qui pourroit lui en faire craindre la diminution, qu'il pense que la faveur publique est inconstante, et que le moment n'est peut-être pas loin où il réclamera pour lui-même cette liberté d'opinions, sans laquelle il n'y a de gouvernement représentatif que pour la forme, et qu'intolérance dans la réalité.

Supposons actuellement que les colléges électoraux soient organisés de manière que chacun d'eux nomme deux députés, jamais un plus grand nombre ; que les voix y soient données simultanément, comme en Angleterre, et que, par conséquent, la majorité relative remplace la nécessité de la majorité absolue ; l'opinion dominante ne perdra pas pour cela la certitude d'appeler à la députation un candidat de son choix ; mais celle qui, immédiatement après, aura le plus de partisans, pourra aussi mettre un poids dans le bassin opposé de la balance, et nommer son défenseur.

En établissant un collége électoral par arrondissement, chacun peut nommer deux députés, sans que la Chambre devienne trop nombreuse, proportionnellement à notre population (1). J'ai dit que chacun ne devroit jamais en nommer un plus grand nombre, parce que chaque électeur

______

(1) Celle de l'Angleterre est d'un tiers inférieure à la nôtre, et la chambre des communes se compose de 658 membres.

ne donnant sa voix qu'une fois, et à un seul éligible, lorsque tout ce qu'il y a de recommandable dans chaque parti auroit usé de son droit en faveur des deux premiers nommés, une poignée de novateurs ou de factieux pourroient encore faire valoir les opinions les plus erronnées; et je ne vois pas, comme M. Manuel, de nécessité à ce que toutes celles de ce genre soient représentées dans la Chambre.

En même temps, il est aisé de voir, en entrant dans l'esprit de ce que je propose, que la majorité relative et la nomination simultanée de deux, et seulement de deux députés, en sont les conditions indispensables.

Alors les propriétaires paisibles, étrangers à l'intrigue, se rendroient aux colléges électoraux, où ils ne craindroient plus de porter un vote illusoire. La partie saine de la nation, livrée à elle-même, ne formera jamais de vœux que pour la légitimité, l'ordre et le repos dont elle a besoin; sans cette modification, au contraire, ce sera toujours une même masse d'hommes, dont on verra l'influence se renouveler à chaque tour de scrutin; et quelques changemens que l'on adopte, je doute qu'aucun réalise jamais le bien qu'on en attendra.

§ IV.

Pour compléter cette analise de la composition de la Chambre des communes, il me reste à observer qu'au lieu de viser, comme en France, à une entière parité de droits pour tous les élec-

teurs ou tous les éligibles, les conditions diffè-
rent, non - seulement entre les comtés et les
villes ou bourgs, mais encore entre les villes et
bourgs eux-mêmes, et que, de plus, les univer-
sités d'Oxford et de Cambridge nomment chacune
deux députés. Cependant il n'existe nulle part une
conformité de rapports aussi grande qu'en Angleterre, entre les diverses classes de la société : le
commerce est l'affaire de presque toutes ; la capitale est le centre de ses opérations ; les billets de
banque circulent dans tous les comtés ; les productions sont partout à peu près les mêmes.

Mais, dans un pays beaucoup plus vaste, où
les intérêts, les denrées, les occupations, varient
d'une province à l'autre ; où, à trente lieues de
la capitale, le cours de la bourse est inintelli-
gible ; où les mœurs et les productions du nord
contrastent si visiblement avec celles du midi, est-
ce un bon système que celui qui concentre tous
les pouvoirs dans une classe intermédiaire, celle
dont les habitudes et les prétentions sont les plus
uniformes, d'ailleurs, trop au-dessus du besoin
pour ne pas être fière de son indépendance, et
trop peu riche pour être désintéressée ? Déjà les
effets répondent aux causes ; nous commençons
réellement à sentir que nous sommes sous l'influence d'une faction inquiète, envieuse et avide,
que toutes les concessions de la foiblesse ne feront
que rendre plus exigeante et plus hardie.

On a beaucoup parlé d'un comité-directeur
chargé d'indiquer d'avance les choix à faire dans

les divers départemens : quoi qu'il en soit de son existence, on conviendra que le premier besoin de la société est d'en empêcher la possibilité ; car les lois ici sont sans force ; elles ne punissent le mal que lorsqu'il est fait, et celui-ci est irréparable. Une organisation des colléges électoraux, combinée dans chaque département, d'après la nature de ses richesses et de son industrie, auroit de plus l'avantage de rendre plus difficile l'influence d'un semblable comité. Je conçois qu'en Angleterre il pourroit diriger cinquante ou soixante élections dans les villes, où les différences qui existent entre les chartes ne sont pas très-considérables ; mais dans celles des comtés il lui faudroit d'autres moyens, auxquels vraisemblablement il ne pourroit atteindre ; et certainement il échoueroit dans celles qui sont à la disposition des anciens propriétaires de fiefs.

Ce qui favorise encore beaucoup en France l'action d'un comité-directeur, c'est la faculté que donne l'art. 42 de la Charte, de choisir la moitié des députés parmi des éligibles qui n'ont pas leur domicile politique dans le département. Dans ce cas, il est impossible aux candidats de se présenter eux-mêmes, et cependant il y a de la noblesse à avouer hautement sa façon de penser, ses prétentions et ses moyens de succès (1). C'est ensuite à une bonne police à prévenir les insultes et les

____

(1) On peut en dire autant du vote à haute voix, qui n'a de danger que dans les temps d'oppression.

voies de fait, qui, au reste, ne doivent pas être à redouter avec une composition d'électeurs si différente de celle d'Angleterre.

§. V.

La Charte n'oppose que des moyens presque nuls aux envahissemens d'un parti d'autant plus dangereux, qu'il ne connoît lui-même ni l'étendue ni les conséquences de ses prétentions. A l'ouverture des colléges électoraux, il a déjà calculé toutes ses forces, prévu toutes les résistances, préparé le nombre de voix qui lui est nécessaire (1), lorsqu'il arrive de Paris un président nommé par le Roi, et de droit membre du collége (art. 41). Pendant deux ou trois ans, l'apparition d'un tel homme a produit effectivement quelque sensation : sa mission sollicitoit en quelque sorte pour lui les suffrages de ceux qu'il venoit présider : c'étoit un candidat qui se présentoit avec quelqu'avantage, et qui quelquefois a réussi. Mais lorsque pour y parvenir il a été forcé de joindre à ses fonctions honorables les ressources de l'intrigue et de la séduction, les électeurs n'ont plus vu en lui qu'un concurrent qu'il étoit de leur intérêt d'écarter, et dans son exclusion qu'une victoire qu'un grand nombre se glorifioit souvent de remporter contre la recommandation du souverain.

---

(1) Jusqu'au dernier moment, les hommes monarchiques demeurent parfaitement tranquilles ; ils ne sont pas accoutumés à se regarder comme un parti ; ils attendent les ordres du Roi, pour s'y conformer ; et toutes les fois qu'ils ont voulu les prévenir, on leur a trop bien fait sentir qu'ils avoient tort.

La dignité du monarque anglais n'est pas ainsi compromise. Je ne sais jusqu'à quel point le ministère se mêle de favoriser secrètement tel ou tel prétendant; mais au moins personne ne vient ostensiblement, au nom du Roi, mendier les suffrages, associer son nom auguste à des menées clandestines, ni l'exposer à des refus humilians. Dans cette lutte démocratique, où le peuple se montre jaloux jusqu'à l'excès des formes conservatrices de sa liberté, les assemblées sont présidées par leurs magistrats ordinaires, ou plutôt les fonctions de ceux-ci ne s'étendent pas au delà des simples mesures de police. C'est le parti dévoué au trône qui se charge de lui envoyer des défenseurs; et s'il échoue pour avoir mal pris ses mesures, il pourra lui avoir fait perdre quelque chose de sa force, mais rien de sa considération (1). Ce pays-là n'est pas vraisemblablement encore assez éclairé, pour qu'on y sache qu'il faut se méfier de ses amis, et reculer devant ceux qui vendent leurs services.

§ VI.

« Le nombre des représentans envoyés par cha-

---

(1) La présence d'un pair d'Angleterre, aux élections de son comté, suffiroit pour les rendre nulles : de même, tous les agens de l'autorité, loin de recevoir, ainsi que nos préfets, des instructions analogues aux circonstances, en sont formellement exclus. Cela doit être ainsi dans un pays où la monarchie, la noblesse, la grande propriété foncière et mobilière, tous les intérêts, enfin, ont d'autres moyens de défense et de représentation dans la Chambre des communes. En France, au contraire, tout cela a été mis en dehors de la Chambre des députés, et bientôt il n'y aura plus, dans ce beau royaume, que des électeurs à 300 fr., et ces ilotes politiques, dont nous avons vu depuis long-temps l'annonce dans la Minerve.

» que comté, ville ou bourg, n'étoit pas invariable-
» ment fixé, même à la fin du règne d'Edouard III.
» A la fin, l'usage d'envoyer deux membres com-
» mença à être si généralement observé, que cette
» coutume devint une loi. » *Hist. d'Angl. par
M. Bertrand-Molleville*, t. 1.

C'est déjà une présomption bien forte en faveur
d'une loi, que de devoir son origine à une coutume
déjà existante ; je ne crois cependant pas que tous
les avantages qui dérivent de celle-ci, aient été
bien sentis jusqu'à ce jour : pour les apprécier,
il faut avoir éprouvé les effets du contraire.

L'unanimité n'a jamais eu lieu entre des hommes
rassemblés, que lorsqu'une circonstance extraor-
dinaire frappant également tous les esprits, les
a tous entraînés hors des limites de la modération
et de la prudence ; rarement le bien a-t-il été le
résultat de ces délibérations passionnées : notre
raison imparfaite a besoin, pour connoître la vérité, d'être éclairée par la discussion ; aussi l'expérience a-t-elle appris aux Anglais, qu'un parti de
l'opposition n'est pas seulement une entrave mise
à l'action du Gouvernement, une imperfection
attachée à leur constitution comme suite inévitable
des élémens démocratiques qui la composent,
mais plutôt le rouage le plus utile de cette ma-
chine compliquée, sentinelle vigilante placée pour
signaler les erreurs ou les prévarications des agens
de l'autorité.

Remarquons d'abord que dans les brigues qui
accompagnent les élections, nulle opinion moyenne
n'a prévalu ; toutes sont venues se fondre dans

les deux prépondérantes. N'y ayant que deux choix à faire, il n'y a eu, il n'a pu y avoir que deux bannières, celle de la cour, et celle de l'opposition (1). Avant que les députés arrivent à la Chambre, ont sait avec certitude de quel côté ils siégeront ; nul ne peut, sans se couvrir de honte, se séparer du parti auquel il doit sa nomination.

Cependant une disparité plus grande se trouve parmi ceux qui ont été nommés par l'influence plus ou moins directe des anciens possesseurs de fiefs. Plus libres dans leurs affections, ils peuvent faire pencher la balance du côté qui leur paroît le plus conforme à leurs opinions ou à leurs intérêts ; quelques-uns se donnent pour indépendans, et se refusent à toute espèce de coalition. Mais il n'est pas dans la nature de l'homme de s'isoler : une existence insignifiante ne peut long-temps lui plaire, et tout le monde veut faire partie, ou de la majorité, ou d'une minorité imposante, qui ait l'espoir de supplanter sa rivale. La ligne de démarcation a été tracée naturellement dans la Chambre des communes, par la manière dont les premiers y sont arrivés ; ceux-ci se placent dans l'un ou dans l'autre rang, selon leur inclination ; et toutes ces nuances qui peuvent servir à jeter quelque jour sur les questions difficiles, mais qui, dégénérant en esprit de faction, amèneroient né-

---

(1). Quelques concurrens de plus se mettent, à la vérité, sur les rangs ; mais bientôt ils se retirent pour ne pas affoiblir le parti principal, dont le leur n'est qu'une ramification, et leur retraite détermine la clôture des élections.

cessairement de la confusion dans l'assemblée, s'évanouïssent au moment où la clôture de la discussion annonce la continuation du crédit du ministère, ou le triomphe de l'opposition (1).

Il n'y a donc pas unanimité, parce que cela est impossible ; il y a cette rivalité utile qui sert au développement des idées, sans nuire à l'ordre et à la stabilité. Il n'y a pas non plus cette division à l'infini de doctrines et d'opinions divergentes, à laquelle la France doit cette marche incertaine, si peu faite pour guérir les plaies de l'Etat.

En France, au contraire, dans ce cinquième de députés qui arrive annuellement à la Chambre, aucun engagement préalable n'a été pris que par ceux qui se sont déjà trouvés réunis dans les rangs révolutionnaires : aussi recueillent-ils chaque jour un nouveau prix de leur audace et de leur union. On se méfie du désintéressement des royalistes,

---

(1) La révolution française avoit trouvé beaucoup d'admirateurs dans la Chambre des communes d'Angleterre ; la fermentation que ces nouveaux principes excitoient étoit au moins une arme dont l'opposition se servoit pour augmenter l'embarras du ministère. M. Burke, l'un des plus vrais et des plus ardens défenseurs de la liberté, vit le danger de cette manœuvre imprudente, et à sa suite, un grand nombre de ses collègues fut se placer dans les rangs de la cour, contre lesquels il avoit combattu jusqu'à ce jour. Quelque décisive que fût cette démarche vraiment patriotique, à laquelle l'Angleterre a dû la possibilité de lutter encore vingt ans pour son indépendance et celle de l'Europe, ils n'imaginèrent pas, pour se donner de l'importance, de former un parti mitoyen entre leurs anciens et leurs nouveaux amis; ils se réunirent franchement à ces derniers, et les ministres eux-mêmes, quelque prix que le danger de leur position leur fît mettre aux services qu'on venoit leur offrir, ne jugèrent pas nécessaire de s'éloigner de ceux qui leur avoient toujours été dévoués. Le foible seul tergiverse et capitule ; l'homme fort marche à son but ; et quand il a pour lui la justice, il est sûr de voir tous les obstacles s'applanir sous ses pas.

parce qu'on ne peut comprendre toute l'étendue de leur dévouement. Les gens intéressés ou foibles sont les seuls disposés d'avance à marcher dans le sens d'un ministère que personne ne connoît; et c'est sur de misérables calculs d'égoïsme, d'amour-propre et de cupidité, que s'est formé un tiers-parti, arbitre de nos destinées, qui prétend gouverner la France avec des systèmes, et nous donner ses spéculations pour des réalités. A la vérité, ce sont, en dernier résultat, ces hommes qui déterminent la majorité numérique dans un sens ou dans un autre : changeans comme la fortune, leur place est toujours marquée là où il y a le plus de chances de succès ; entraînés par l'odieux délire de 1793, qu'ils désapprouvoient sans avoir la force de le combattre, ils ont donné à la France l'apparence d'une affreuse unanimité; enthousiastes par calcul dans les beaux jours de la restauration, ils ont usurpé une confiance qu'ils étoient loin de mériter. Il a fallu qu'ils fussent placés au premier rang, pour que leur nullité parût dans tout son jour. Leur allure équivoque, variable, systématique, a démontré qu'ils pourroient être d'utiles auxiliaires ; mais qu'accessibles à tous les genres de séduction, parmi lesquels le sophisme n'est pas un des moins à redouter chez un peuple raisonneur, on ne les verroit jamais sortir du cercle étroit d'une politique intéressée.

RÉSUMÉ.

On a donné de justes éloges à la constitution de l'Angleterre, et personne né s'est jamais avisé de demander quel en étoit l'auteur ; ouvrage du temps, la preuve qu'elle est bonne, c'est que la dernière altération qu'elle a subie, date de 1714. Au contraire, le germe de maladie qui fermente au-dedans de nous, consiste en ce que depuis un demi-siècle nous nous sommes constamment occupés à détruire, jamais à conserver. Nous ne voulons ni antécédent, ni souvenir : nous nous croyons libres de préjugés, parce que nous n'écoutons que nos passions. Ne désespérons cependant pas d'un peuple, chez lequel il reste à la raison quelque moyen de se faire entendre.

Je ne prétends point proposer une loi des élections ; je ne veux que résumer ce que je viens de dire sur les imperfections qui m'ont frappé dans la forme des nôtres, en les comparant à celles d'Angleterre. Peut-être le remède se trouvera-t-il à côté du mal.

Quelques applaudissemens ou quelques regrets qu'on puisse donner à l'extinction de l'aristocratie en France, il est certain que les anciens élémens en sont actuellement dispersés. Ce que la Charte a jugé nécessaire d'en conserver, ou plutôt de recréer, est à la vérité placé à un assez haut point d'élévation ; mais sa force est-elle proportionnée à son éclat ? ses racines sont elles profondes ? Lorsque le système du nivellement est dans toutes les têtes, la nature des choses seroit bien changée, s'il ne produisoit pas, comme par le passé, anarchie et despotisme.

Cependant toute erreur pourroit avoir ici des conséquences fatales. De ce qu'un pouvoir est renversé, il ne s'ensuit pas qu'il n'existe plus ; le plus souvent il n'a fait que changer de main. Ainsi tout celui dont l'aristocratie anglaise jouit de plus que celle de France, a tourné dans ce pays-ci au profit de la démocratie : car je n'imagine pas qu'on suppose que le trône y ait rien gagné. Et je ne parle pas ici de cette démocratie tumultueuse, qui se perd dans les dernières classes de la société : je parle de celle qu'on a mise aujourd'hui à la mode ; qui détruisant sans relache tout ce qui sortira de son sein, pour tenter de s'élever au-dessus d'elle, ne cessera de s'agiter que lorsque les fortunes les plus considérables, ne présentant plus qu'un revenu net de 15 ou 1800 fr., à raison de cent écus d'imposition, elle même sera devenue la véritable aristocratie.

Il est reconnu que les grandes propriétés territoriales ne peuvent rester long-temps entières sans le secours des substitutions et du droit d'aînesse : déjà elles ne procurent plus à leurs possesseurs d'autres avantages que ceux de l'opulence. Morcelées en une quantité plus ou moins grande de domaines, elles ne mettent dans la dépendance du maître que des mercenaires ou des fermiers, qui, n'étant ni propriétaires, ni électeurs, n'ont rien à lui donner en échange de ses bienfaits et de sa protection. Les droits souvent onéreux des an-

ciennes justices seigneuriales sont devenus lucra-
tifs pour les hommes de loi, qui les ont remplacées
dans les campagnes : et celui qui nourrit les pauvres
de son village, a moins de crédit dans le conseil
municipal, que le demi-savant qui s'est enrichi
aux dépens de ses voisins.

Les deux degrés d'élections qu'on semble re-
gretter, contribueroient-ils effectivement à balancer le pouvoir immense, qui tend à se concentrer
dans la classe moyenne? on supposeroit par là que
les plus pauvres s'attacheroient de préférence aux
plus riches. Je crois qu'à la longue cela pourroit
arriver ; mais il faudroit pour cela que depuis si
long-temps on ne leur eût pas désigné ceux-ci
comme leurs oppresseurs ; que ce ridicule épou-
vantail de dîmes et de droits féodaux ne leur fût
pas toujours présenté comme un sujet de discorde ;
enfin qu'on ne leur eût pas appris que dans de
certaines circonstances ces grands biens pouvoient
être légitimement pillés et envahis par eux. Pour
que les deux degrés d'élection eussent un résultat
heureux, il faudroit qu'il y eût des patrons et des
cliens : mais où trouver les premiers? et qui est-
ce qui voudroit maintenant être compté parmi les
seconds ?

J'aimerois mieux la proposition qui a été faite
de composer les colléges électoraux d'un certain
nombre de contribuables les plus imposés : encore
cette restriction toute seule ne pareroit pas à
tous les inconvéniens, parce que, avec un droit
égal de voter aux élections, le nombre des petites

fortunes est toujours dans une proportion redou-
table aux plus grandes.

Le projet de M. de Vaublanc étoit celui qui
s'écartoit le plus de cette uniformité de conditions
requises pour être électeur dans toute l'étendue
du royaume ; et s'il n'avoit pas été rejeté par la
Chambre des pairs, conjointement avec les amen-
demens que les députés y avoient mis, nous ne
serions pas aujourd'hui dans une aussi fausse route.

Buonaparte s'étoit jeté dans l'extrémité opposée,
en ne laissant aux assemblées électorales que le
droit de former des listes de candidats, parmi
lesquels le Sénat choisissoit de prétendus légis-
lateurs, et en nommant lui-même un certain
nombre d'électeurs. Mais je crois que les priviléges de ce genre, qu'il avoit donnés aux officiers
de la légion d'honneur, étoient un exemple utile.
De semblables prérogatives accordées à d'anciens
services, à des villes de commerce, à des corps
enseignans , je dirois même à d'autres corporations, si je ne craignois d'effaroucher le préjugé
qui les proscrit, seroient autant d'inégalités qui
rendroient moins glissante la pente par laquelle
nous nous précipitons vers la démocratie.

La manière de voter à Rome par curies ou
par centuries décida du sort de la république.
Lorsqu'enfin la première prévalut, malgré le
droit qui resta aux patriciens de consulter les
auspices, et de ne porter au jugement du peuple
que ce qui auroit été précédemment approuvé par
un sénatus-consulte, les plébéiens se trouvèrent

investis de tout le pouvoir, jusqu'au moment où la corruption générale amena les proscriptions, les guerres civiles, et, par une conséquence nécessaire, le gouvernement absolu des Empereurs.

Ne pouvant donner aux pairs de France, qui pour la plupart ont de la peine à fonder leurs majorats, une importance que ceux d'Angleterre ne doivent qu'au cours des événemens; ni aux grandes propriétés, une stabilité à laquelle s'opposent nos lois civiles; ni aux richesses mobilières, ce genre d'influence qui n'est dans le fait qu'un abus correctif d'un plus grand, nous ne devons pas nous attendre à trouver tout à coup, comme par inspiration, les moyens de combattre avec avantage la coalition des petits propriétaires.

Il y en a, ce me semble, de deux sortes : les uns qui ne peuvent être que l'ouvrage du temps; les autres qui consistent à corriger actuellement les défauts dont nous sommes au moment de ressentir les funestes effets.

Je compte parmi les premiers :

1°. Que les électeurs aient une influence proportionnée à leur propriété : on pourroit y parvenir en formant des classes ; mais il faudroit pour cela consulter les intérêts des divers départemens, et renoncer à cette uniformité de conditions, qui nécessairement est nuisible à quelques-uns ;

2°. Que l'entrée des colléges électoraux soit ouverte à un certain nombre d'électeurs, soit à titre de récompense, soit comme un privilége attaché à leurs places ;

3°. Qu'on accorde de semblables prérogatives

à des villes de commerce, et autres réunions d'hommes utiles à la société.

Pour les seconds, je propose dès ce moment :

1°. Que les nominations se fassent simultanément, et qu'on substitue la majorité relative à la majorité absolue ;

2°. Qu'il y ait un collége électoral par arrondissement ;

3°. Que chaque collége électoral nomme deux députés ;

4°. Que les candidats se présentent en personne, afin qu'aucun ne puisse être nommé dans deux départemens ;

5°. Que le président d'un collége électoral soit toujours un pair ou un magistrat, de manière qu'il ne puisse jamais être élu ;

6°. Que les droits politiques des porteurs de patentes soient extrêmement restreints.

LE MARQUIS DE FONTANGES.

Janvier 1820.

A CLERMONT-FERRAND, de l'imprimerie de LANDRIOT, libraire, imprimeur du Roi et de la Préfecture.